AF359560

L'ANNÉE

DU

CERTIFICAT D'ÉTUDES

PUBLIÉE SOUS LA DIRECTION DE

CHARLES DUPUY

Agrégé de l'Université, Ancien inspecteur d'Académie, Vice-recteur honoraire,
Ancien ministre de l'Instruction publique, Député de la Haute-Loire.

LIVRET

d'Économie politique

Par M. É. GANNERON

Secrétaire-rédacteur au Sénat.

Opuscule du Maître

Développement des sujets de rédaction

ARMAND COLIN ET Cⁱᵉ, ÉDITEURS

5, RUE DE MÉZIÈRES, PARIS

1894

PRÉSENTATION

En offrant aux maîtres et aux élèves des Écoles primaires notre « **Année du Certificat d'études** », nous nous sommes proposé de les aider dans la préparation d'un examen rendu plus complet et par conséquent plus difficile par l'arrêté ministériel du 29 décembre 1891.

L'épreuve de la **rédaction** est désormais nettement définie. Elle portera sur des notions précises ; il ne suffira pas d'avoir de l'imagination comme pour faire une lettre, un récit, sujets habituels de cette épreuve avant la réforme de 1891 ; il faudra *savoir*.

Notre publication répond à cette nécessité. Elle a pour but de présenter sous un nombre restreint de questions les notions essentielles des cinq ordres de matières parmi lesquelles l'Inspecteur d'Académie devra choisir le sujet de la rédaction.

Non content de nous enfermer dans ce cadre limité, nous avons étendu la méthode de nos « *Livrets* » à des connaissances qui, par leur nature même, font partie des matières obligatoires de l'Enseignement primaire ou qui s'y rattachent : Agriculture, Économie domestique, Physique, Chimie, Hygiène, etc.

Nous ne prétendons pas nous substituer aux manuels classiques et encore moins aux leçons du maître. C'est un moyen pratique de *revision*, de *récapitulation* que nous apportons. Nous dégageons dans chaque ordre de matières les notions principales, celles qu'il n'est pas permis d'ignorer, et nous les présentons sous forme de questions très nettes ; il est répondu à ces questions avec toute la brièveté compatible avec la clarté, qui est la première règle de la pédagogie.

Les questions sont accompagnées de **sujets de rédaction** dont le développement est donné dans l'*Opuscule du Maître*. Les rédactions sont courtes et précises ; elles ne sont surchargées d'aucun détail superflu ; comme pour les questions, nous nous en sommes tenu au nécessaire, à l'indispensable.

Nous espérons que l'**Année du Certificat d'études** contribuera au bien de l'Enseignement primaire. Si maîtres et élèves trouvent en elle un secours efficace, notre vœu sera rempli.

Charles DUPUY.

LIVRET D'ÉCONOMIE POLITIQUE

(Opuscule du Maître).

[Chacune des rédactions qui suivent devant former un tout, l'auteur a dû quelquefois répéter, dans certaines rédactions, des notions déjà exposées dans des rédactions précédentes.]

I. — L'ÉCONOMIE POLITIQUE

1. — L'économie politique. (Élève, p. 3)

Sommaire. — **1.** But de l'économie politique. — **2.** Les richesses. — **3.** Utilité de l'économie politique. — **4.** Les principaux économistes.

Développement. — **1.** L'*économie politique* a pour but de nous faire connaître les lois qui règlent la production, la distribution, la circulation et la consommation des richesses.

2. Le mot *richesses* n'a pas ici le sens qu'on lui donne ordinairement ; il est employé pour désigner les objets propres à satisfaire les besoins de l'homme ; ces besoins sont de nourrir, de couvrir, d'abriter son corps et de développer son esprit.

3. L'économie politique nous apprend à quelles lois obéissent, dans leurs alternatives de hausse et de baisse, les profits et les salaires ; à quelles conditions doivent satisfaire un bon système monétaire, un bon système de commerce ; quelles règles on doit suivre dans le commerce et l'industrie, etc. On voit donc que cette science est, pour tout le monde, de la plus grande utilité.

4. L'économie politique est une science relativement récente ; elle date du siècle dernier et fut fondée en France par le docteur Quesnay, médecin de Louis XV ; les économistes les plus connus sont Bastiat, Turgot, John Stuart Mill, Ricardo, Malthus, Rossi, J.-B. Say et Adam Smith.

2. — La production des richesses. (Élève, p. 3)

Sommaire. — **1.** La production. — **2.** Les agents naturels. — **3.** Le travail. — **4.** Le capital.

Développement. — **1.** Pour produire les richesses, c'est-à-dire les objets nécessaires à la satisfaction de ses besoins, l'homme emploie les *agents naturels*, le *travail* et le *capital*.

2. Les *agents naturels* lui sont fournis par la nature ; on désigne, en effet, sous ce nom : la terre, l'atmosphère, les chutes d'eau, la chaleur, etc.

3. Chacun sait ce que c'est que le *travail* ; il peut être appliqué à la production soit directement, soit par l'intermédiaire de machines ; le travail est le plus important des trois éléments de la production, car c'est lui qui utilise les agents naturels et qui produit le capital.

4. Le *capital* consiste dans une certaine quantité de produits que l'on met de côté et dont on se sert ensuite pour développer la production. Le capital peut être représenté par des terres, par des bâtiments, par de l'argent, etc.

3. — Le travail. (Élève. p. 4)

Sommaire. — **1.** Importance du travail. — **2.** Le travail direct. Les machines. — **3.** Le salaire.

Développement. — **1.** Le *travail* est l'un des trois éléments qui concourent à la production des richesses ; c'est le plus important, car il utilise les *agents naturels* et pro-

duit le *capital*. L'économie politique est donc d'accord avec
la morale pour recommander à l'homme le travail.

2. Le travail peut s'appliquer *directement* à la production; tel est le travail des ouvriers manuels: cordonniers,
tailleurs, serruriers, etc.; il peut aussi s'appliquer à la
production par l'intermédiaire des *machines;* on sait que
les machines et notamment les machines à vapeur ont pris
un grand développement depuis le commencement de ce
siècle et ont augmenté, dans des proportions considérables,
la puissance de production.

3. L'homme peut travailler pour son propre compte, et les
richesses qu'il produit deviennent alors sa propriété ; il
peut aussi travailler pour le compte d'autrui et alors il
reçoit ou une part des richesses produites ou une rétribution
fixe qui s'appelle *salaire*.

4. — Le capital. (Élève, p. 4)

Sommaire. — **1.** Le capital. — **2.** Capital fixe ; capital circulant. — **3.** Capital matériel; capital immatériel.

Développement. — **1.** Le *capital* consiste dans une
certaine quantité de produits que l'on met de côté et dont
on se sert ensuite pour développer la production; en économie politique, la richesse qui ne sert pas à la production
n'a pas droit au nom de *capital.* — Qui dit *capital* dit
activité.

2. Dans une manufacture, dans une usine, vous avez des
machines destinées à la production, des bâtiments qui
abritent ces machines; les uns et les autres représentent
ce qu'on appelle le *capital fixe;* au contraire, les objets
que les machines produisent ou transforment sont le *capital
circulant.*

3. On peut encore diviser le capital en capital *matériel* et
capital *immatériel*. Le capital *matériel* est représenté par la
monnaie, les valeurs mobilières, les bâtiments, etc. D'un

autre côté, les talents acquis, les sciences, les bonnes habitudes forment un capital *immatériel*, qui a la plus grande importance au point de vue de la production. Chaque découverte faite par la science n'augmente-t-elle pas en effet cette production dans des proportions considérables? L'ouvrier qui sait bien son métier et qui a des habitudes d'ordre et d'économie produit plus qu'un autre.

II. — DE LA DISTRIBUTION DES RICHESSES.

5. — La distribution des richesses. (Élève, p. 5)

Sommaire. — **1.** La distribution des richesses. — **2.** Fermage, salaire, intérêt. — **3.** Le bénéfice.

Développement. — **1.** Par *distribution des richesses*, on entend leur répartition entre les divers éléments qui concourent à la production (agents naturels, travail, capital). Il faut, en effet, donner une part des produits obtenus à celui qui a procuré les agents naturels (terrain, chute d'eau), une autre part à celui qui les a rendus utiles par son travail, une autre part enfin à celui qui a fourni le capital sous forme de machines ou d'argent.

2. Ces parts ainsi distribuées portent des noms différents. Celle qui est remise au propriétaire des agents naturels, presque toujours de la terre, s'appelle *fermage* ou *loyer*; la part réservée au travail s'appelle *salaire*; enfin la part que doit recevoir le capital s'appelle *intérêt*.

3. Le fermage, le salaire, l'intérêt sont généralement déterminés d'avance; s'il y a un excédent quand ils ont été payés, c'est ce qu'on appelle le *bénéfice*. Comment ce bénéfice doit-il être partagé entre le propriétaire, l'ouvrier et le capitaliste? C'est là une question très délicate, qui doit être résolue d'après l'état de la société et qui peut se poser d'une façon toute différente à mesure que la société se transforme.

6. — **La propriété**. (Élève, p. 5)

Sommaire. — **1**. La propriété individuelle. — **2**. La propriété transmissible. — **3**. Quel profit on tire d'une propriété.

Développement. — **1**. Le stimulant le plus énergique du travail est la *propriété individuelle*, c'est-à-dire la possession par une personne d'une certaine quantité de terres ou de produits dont elle peut faire tel usage qu'il lui convient. Le travailleur ne déploie toute sa force, toute son intelligence que s'il espère obtenir quelque chose de plus que les autres.

2. Le caractère essentiel de la propriété individuelle, c'est d'être *transmissible* soit gratuitement, soit pour une certaine compensation ; si elle ne l'était pas, elle perdrait la plus grande partie de son utilité ; la transmission peut se faire par *échange*, par *succession*, par *testament*, par *libéralité*.

3. On tire profit d'une propriété soit en l'exploitant soi-même, soit en la faisant exploiter par des travailleurs, soit, enfin, en la donnant à fermage.

7. — **Le fermage ou loyer**. (Élève, p. 6)

Sommaire. — **1**. Exploitation de la propriété. — **2**. Fermage et métayage. — **3**. Loyer.

Développement. — **1**. Tout individu qui possède une propriété quelconque peut l'exploiter lui-même avec l'aide des membres de sa famille, ou la faire exploiter par des ouvriers qui reçoivent de lui un salaire, ou enfin peut en céder l'exploitation à une autre personne moyennant une certaine redevance qui prend le nom de *fermage* quand il s'agit de terres, de *loyer* quand il s'agit de constructions, d'*intérêt* quand il s'agit de capital.

2. Il y a plusieurs espèces de fermages : le fermage proprement dit et le métayage. Le *fermage* consiste dans une rente payée par le locataire au propriétaire et qui est fixée d'après leurs conventions; dans le *métayage*, le locataire reçoit la propriété, l'exploite de son mieux et partage les bénéfices avec son propriétaire, d'après une proportion variable suivant les conventions; cette proportion est généralement de moitié.

3. On appelle plus spécialement *loyer* la rétribution donnée au propriétaire d'une maison pour le logement qu'il vous fournit et dans lequel vous habitez, vous et votre famille.

8. — L'intérêt. (Élève, p. 8)

Sommaire. — **1.** L'intérêt. — **2.** Fixation du taux de l'intérêt. — **3.** L'usure.

Développement. — **1.** L'*intérêt* est une somme d'argent que reçoit la personne qui place un certain capital dans une entreprise, ou qui le prête à une autre personne pour un certain temps ; ce capital devant être employé à la production, il est juste que celui qui le fournit reçoive sa part de la production réalisée.

2. Le *taux* de l'intérêt est fixé au moment de la remise du capital et reste sans changement jusqu'à ce que le capital soit remboursé; il varie suivant l'abondance ou la rareté du capital, suivant la plus ou moins grande solvabilité de celui qui emprunte. Dans la plupart des pays, le taux de l'intérêt ne doit pas dépasser un certain chiffre.

3. Cependant, en théorie, l'intérêt devrait être libre et proportionné aux risques courus par celui qui prête; c'est cette proportion qu'il est difficile de déterminer. Si elle est exagérée, on dit que le prêteur fait l'*usure*; l'usure est un délit puni par la loi. Dans les pays où le maximum de l'intérêt est déterminé, il y a usure toutes les fois que ce maximum est dépassé ; mais là où il n'y a pas de maximum établi, le délit d'usure est bien difficile à constater.

9. — Grande et petite culture. (Élève, p. 6)

SOMMAIRE. — **1.** La grande et la petite culture. — **2.** Avantages de la grande culture. — **3.** Avantages de la petite culture.

Développement. — **1.** L'on distingue entre la grande et la petite culture. La *grande culture* est celle qui s'exerce sur une vaste étendue de terres d'un seul tenant, exploitée par un seul propriétaire ou par un seul fermier ; la *petite culture* est celle qui s'exerce sur des parcelles de terre isolées.

2. En théorie, la grande culture est bien préférable à la petite ; elle permet de varier les assolements, de mieux utiliser les capitaux, d'exiger une moins grande somme de travail pour un même résultat, d'employer les machines agricoles.

3. La petite culture exige plus de travail et moins de capital. Elle a, en revanche, l'avantage de rendre le paysan indépendant et libre, de créer ainsi une classe laborieuse, intelligente et dévouée. On peut d'ailleurs faire disparaître en partie les inconvénients qu'elle présente par la constitution d'associations agricoles entre de petits propriétaires possesseurs de terres attenantes les unes aux autres, qu'ils réunissent pour une exploitation commune.

10. — Le partage des produits. (Élève, p. 8)

SOMMAIRE. — **1.** Travail, capital, propriété. — **2.** Partage des produits entre le travail et le capital. — **3.** La part de l'entreprise.

Développement. — **1.** Nous savons que pour obtenir des produits, il faut employer les *agents naturels* et les développer par le *travail*, qui est lui-même presque toujours aidé par le *capital*. Les agents naturels tels que le sol, les chutes d'eau, sont généralement la propriété de telle ou telle personne et font partie du capital.

2. On voit donc que les produits obtenus devront se partager entre le *capital* et le *travail;* dans quelles proportions? C'est ce qu'il est impossible de déterminer d'une façon absolue; elles varient suivant l'état de la société, suivant les transformations que peut subir le travail, suivant les conventions intervenues, etc.

3. Quelquefois les personnes qui se mettent à la tête d'une entreprise n'ont pas les ressources suffisantes pour la mener à bonne fin, et sont obligées d'avoir recours à l'emprunt; elles se trouvent ainsi employer, à leurs risques et périls, le capital et le travail qui leur sont fournis à des conditions déterminées. Le partage des produits se fait alors d'une façon différente : le travail reçoit un salaire, le capital un intérêt, et les personnes qui sont à la tête de l'entreprise ont pour elles la différence entre les produits réalisés et ce qu'elles ont payé au travail et au capital.

11. — La participation aux bénéfices. (Élève, p. 8)

SOMMAIRE. — **1.** Le travail et le capital. — **2.** Partage des bénéfices. — **3.** Dans quelle proportion?

Développement. — **1.** Toute entreprise suppose le concours du travail et du capital; le travail se manifeste toujours sous la même forme, c'est l'effort de l'homme mettant en œuvre ses facultés physiques ou morales pour accomplir une tâche; le capital peut prendre différentes formes : monnaie, terre, machines, bâtiments, etc.

2. Comment se fera le partage des richesses produites? C'est là une question bien grave et bien difficile à résoudre. Il semblerait juste, au premier abord, de partager ces richesses par moitié entre le travail et le capital ; mais les patrons s'y refusent. Ils font remarquer que les ouvriers touchent leur salaire régulièrement, quel que soit le sort de l'entreprise, tandis que le capital qu'ils avancent peut être perdu ou tout au moins ne rien rapporter.

3. Cependant il est juste et intelligent d'intéresser les ouvriers à la prospérité de l'usine dans laquelle ils travaillent et de leur accorder par conséquent, sinon la moitié, au moins une part des bénéfices à la réalisation desquels ils ont contribué. Dans quelle proportion cette part doit-elle être fixée ? c'est ce que les circonstances seules peuvent décider.

III. — DE LA CIRCULATION DES RICHESSES

12. — De la circulation des richesses. (Élève, p. 9)

Sommaire. — **1.** La variété des besoins. — **2.** L'échange. — **3.** La monnaie.

Développement. — **1.** Les richesses une fois produites, il faut en tirer parti. Chaque individu ne peut pas fabriquer tous les objets nécessaires à ses besoins et, d'un autre côté, il produit plus d'objets d'une certaine sorte qu'il ne peut en consommer lui-même. Ainsi le boulanger fait plus de pain qu'il ne peut en manger, le cordonnier plus de chaussures qu'il ne peut en user.

2. Comment donc arriver à satisfaire les besoins de chacun ? Il est un moyen qui se présente tout naturellement à l'esprit et qui a été employé dès les temps les plus reculés, c'est l'*échange*. J'ai besoin de pain et j'ai fabriqué une paire de souliers dont je n'ai pas besoin ; mon voisin a fait trop de pain pour sa consommation personnelle et **a** besoin d'une paire de souliers, j'échange ma paire de souliers contre du pain.

3. C'est donc par l'échange que s'effectue la circulation des richesses; mais on voit, du premier coup d'œil, combien de difficultés présente cet échange en nature. C'est pour cette raison que l'on a imaginé la *monnaie*, c'est-à-dire une valeur d'après laquelle s'estiment tous les autres objets et contre laquelle ils s'échangent.

13. — L'échange. (Élève, p. 9)

Sommaire. — **1.** L'échange. — **2.** Avantages de l'échange. — **3.** La monnaie.

Développement. — **1.** Pour tirer parti des richesses qu'il produit, l'homme a recours à l'*échange*, c'est un procédé tout naturel ; j'ai trop de blé pour mes besoins, mon voisin a trop de fruits ; il n'a pas de blé, je n'ai pas de fruits : je lui donne du blé contre une certaine quantité de fruits, et voilà l'échange dans sa forme la plus simple, dans sa forme primitive.

2. Si l'on veut se convaincre de tous les bienfaits que l'homme est arrivé à tirer de l'échange, il faut prendre un exemple. Un menuisier de village passe sa journée à raboter des planches, à fabriquer des tables et des armoires. Il échange ces tables et ces armoires contre des vêtements, contre des objets servant à sa nourriture tels que le pain, le vin, l'huile, le sucre, qui supposent le travail de milliers d'autres individus, cultivateurs, boulangers, vignerons, métallurgistes, raffineurs, etc., etc.

3. On comprend aisément que l'échange en nature présente des difficultés sans nombre. Supposez un cordonnier muni d'une paire de bottes qu'il vient de fabriquer et allant chercher à l'échanger contre un dîner pour lui et sa famille :

il est probable qu'il n'y parviendrait pas. Aussi a-t-on imaginé la *monnaie,* c'est-à-dire une valeur d'après laquelle s'estiment tous les autres objets et contre laquelle ils s'échangent.

14. — La monnaie. (Élève, p. 9)

Sommaire. — **1.** Nécessité de la monnaie. — **2.** Son emploi. — **3.** Quelles conditions elle doit remplir.

Développement. — **1.** Les échanges *en nature* présentent beaucoup de difficultés. Supposons un cordonnier qui vient de terminer une paire de bottes et veut l'échanger contre un repas pour lui et sa famille : si le boulanger, si le boucher, si le marchand de vin n'ont pas besoin de bottes, ou même si chacun d'eux en a besoin d'une paire, notre cordonnier sera bien embarrassé ; de là, l'invention de la *monnaie.*

2. D'une façon générale, la *monnaie* est une matière qui sert de terme de comparaison pour tous les produits ; chacun alors échange ses produits contre une certaine quantité de monnaie qu'il peut conserver aussi longtemps qu'il le veut et qu'il échange, à son tour, contre les produits dont il a besoin.

3. Une bonne monnaie doit avoir par elle-même une valeur durable pour qu'on puisse l'accepter sans défiance. Elle doit être facile à transporter ; très divisible pour représenter les produits de petite valeur ; très dure pour qu'elle ne s'use pas rapidement ; d'un maniement qui ne soit ni malpropre, ni malsain puisqu'elle doit passer par toutes les mains ; enfin elle doit pouvoir recevoir une empreinte qui indique sa valeur à ceux qui la prennent en paiement. L'or et l'argent satisfont tous deux à ces conditions indispensables.

1**

15. — Le bimétallisme. (Élève, p. 10)

Sommaire. — 1. Quelles conditions doit remplir une bonne monnaie. — 2. Le bimétallisme. — 3. Ses inconvénients.

Développement. — 1. Une bonne monnaie[1] doit avoir par elle-même une valeur durable pour qu'on puisse l'accepter sans défiance ; elle doit être facile à transporter, très divisible pour pouvoir représenter des produits de petite valeur, très dure pour qu'elle ne s'use pas rapidement, d'un maniement qui ne soit ni malpropre, ni malsain puisqu'elle doit passer par toutes les mains ; enfin elle doit pouvoir recevoir une empreinte qui indique sa valeur à ceux qui la prennent en paiement.

2. L'or et l'argent satisfont l'un et l'autre à toutes ces conditions indispensables ; mais ils n'ont pas la même valeur et il est admis que celle de l'or est quinze fois et demie plus grande que celle de l'argent ; la plupart des nations employaient et emploient encore concurremment ces deux métaux pour fabriquer leur monnaie. C'est ce qu'on appelle le *bimétallisme* du mot *métal* et du mot latin *bis* (double).

3. Le bimétallisme a un inconvénient considérable, c'est qu'il admet comme constant le rapport entre l'or et l'argent, rapport essentiellement variable ; actuellement l'argent est très déprécié parce que la production des mines a été abondante et il n'a pas en réalité la valeur qu'on lui attribue nominativement. Aussi, dans certains pays, aux États-Unis par exemple, n'accepte-t-on plus la monnaie d'argent que pour une valeur inférieure à sa valeur nominale.

---

1. On ne s'étonnera pas si la nécessité de donner des rédactions **complètes** nous oblige à certaines **répétitions**.

16. — Le monométallisme. (Élève, p. 10)

Sommaire. — 1. Quelles conditions doit remplir une bonne monnaie. — 2. Le monométallisme. — 3. Ses inconvénients.

Développement. — 1. Une bonne monnaie doit avoir par elle-même une valeur durable, pour qu'on puisse l'accepter sans défiance; elle doit être facile à transporter, très divisible pour pouvoir représenter des produits de petite valeur, très dure pour qu'elle ne s'use pas rapidement, d'un maniement ni malpropre, ni malsain puisqu'elle doit passer par toutes les mains; enfin elle doit pouvoir recevoir une empreinte qui indique sa valeur à ceux qui la prennent en paiement.

2. L'or et l'argent satisfont l'un et l'autre à toutes ces conditions indispensables et ils étaient autrefois employés concurremment par presque toutes les nations pour la fabrication des monnaies. Il était admis que l'or valait quinze fois et demie l'argent. Mais la production de ce dernier métal ayant considérablement augmenté, la valeur comparative de l'or et l'argent s'est trouvée en réalité très modifiée et la monnaie d'argent ayant une valeur effective moindre, plusieurs nations ont décidé de ne plus employer qu'un seul métal : c'est le système qu'on appelle le *monométallisme*, du mot *métal* et du mot grec *monos* qui veut dire : seul, unique.

3. Le monométallisme présente aussi ses inconvénients ; il se prête moins facilement aux échanges : si on adopte la monnaie d'argent, elle est d'un transport difficile ; quant à la monnaie d'or, elle n'est pas assez divisible et, de plus, elle n'est pas acceptée volontiers par les peuples de l'Orient.

17. — Le crédit personnel. (Élève, p. 12)

Sommaire. — 1. Le crédit. — 2. Le crédit personnel. — 3. Différence entre la monnaie et le crédit.

Développement. — 1. D'une façon générale, le

crédit est une opération par laquelle une personne est mise en possession de choses qui ne lui appartiennent pas, à la condition de les restituer dans un certain délai, soit en nature, soit en monnaie. Le crédit remplace donc en partie le numéraire, puisque, pour prendre possession de marchandises, on donne, au lieu de monnaie, une promesse de restitution ou de paiement.

2. Le *crédit personnel* est fondé sur la confiance qu'inspire la personne qui emprunte ; contre sa simple signature apposée au bas d'un billet négociable (billet à ordre, lettre de change, traite) on lui remet soit des marchandises, soit de l'argent qu'elle restituera seulement au bout d'un délai déterminé.

3. Il y a cependant une différence entre le paiement en numéraire et le paiement en billets négociables. Moyennant le versement en espèces du prix convenu, l'affaire est complètement terminée ; si, au contraire, le paiement est effectué en billets, l'affaire est en suspens et n'est terminée que le jour où le billet est remboursé. Le *billet de banque* seul a le même pouvoir que la monnaie d'or ou d'argent.

18. — Le billet négociable. (Élève, p. 13)

Sommaire. — 1. Le billet négociable. — 2. Différentes sortes de billets négociables. — 3. L'escompte.

Développement. — **1.** Le *billet négociable* est une obligation mentionnant la somme due par une personne à une autre, ainsi que l'endroit et la date auxquels elle doit être payée. Le billet est dit *négociable* parce qu'il peut être cédé à un tiers par une simple note inscrite généralement au *dos* du billet, d'où le nom d'*endossement* donné à un transport de ce genre ; mais il faut, pour cela, qu'il contienne la clause « à ordre » qui est ainsi conçue : Je paierai à M. X... *ou à son ordre*, la somme de.....

2. Il y a plusieurs sortes de billets négociables : le *billet à ordre*, qui est souscrit par le débiteur à son créancier ; la *traite*, qui est l'invitation adressée par le créancier à un débiteur de payer, en tout ou en partie, la somme due ; la *lettre de change* qui se distingue de la traite en ce qu'elle est surtout employée dans les relations internationales ; la traite et la lettre de change n'ont toute leur valeur qu'après avoir été acceptées par le débiteur.

3. Lorsque l'on échange contre du numéraire un billet négociable payable seulement dans un certain délai, celui qui remet les fonds retient ce qu'on appelle l'*escompte*, c'est-à-dire la somme qui représente le loyer ou intérêt de ce numéraire jusqu'à l'échéance.

19. — Le crédit et la monnaie. (Élève, p. 13)

SOMMAIRE. — **1**. Le crédit et la monnaie. — **2**. La différence qui existe entre eux. — **3**. Circulation des billets négociables.

Développement. — **1**. Lorsque vous achetez une marchandise, vous la payez tantôt en remettant au vendeur en monnaie, la valeur qu'elle représente, tantôt en lui donnant un billet négociable qui doit être remboursé à une époque déterminée ; vous pouvez aussi promettre d'effectuer le paiement dans un délai plus ou moins long. Dans le premier cas, vous avez eu votre marchandise au moyen d'argent ; dans les deux autres, au moyen de votre crédit.

2. Le crédit peut donc remplacer l'argent, mais cependant il ne produit pas absolument les mêmes effets : si vous payez en argent, l'affaire est complètement terminée ; si vous payez en billets, ou si vous avez un délai pour payer, l'affaire reste en suspens, car il peut se faire que vous ne remboursiez pas votre billet à l'échéance, ou que vous ne teniez pas votre promesse de payer dans le délai indiqué.

3. Mais encore convient-il d'ajouter qu'en demandant un délai, vous immobilisez entre vos mains un certain capital ; au contraire, si vous donnez en paiement un billet négociable, ce billet peut circuler et remplir le rôle que jouerait la somme d'argent correspondante ; il le remplit complètement lorsque, comme le billet de banque, il est payable à vue et au porteur.

20. — Le billet de banque. (Élève, p. 14)

Sommaire. — 1. Les billets négociables. — 2. Ils ne remplacent pas complètement la monnaie. — 3. Le billet de banque.

Développement. — 1. Nous savons que, pour payer des marchandises, on remplace souvent la monnaie par des billets négociables faits au vendeur ou à son ordre et payables à une échéance déterminée ; le vendeur, s'il a besoin de numéraire, peut faire escompter ses billets, c'est-à-dire en obtenir la valeur, déduction faite du loyer de ce numéraire jusqu'à ladite échéance.

2. On voit donc que si le billet négociable remplace la monnaie, c'est d'une façon assez imparfaite puisqu'il impose au vendeur, une perte d'argent résultant de l'escompte. Pour remplacer la monnaie complètement, il faudrait que le billet fût payable *à vue*, c'est-à-dire sans aucun délai, et *au porteur*, c'est-à-dire sans nécessité d'endossement.

3. Le billet de banque répond à ces deux conditions ; il suffit d'aller le présenter à la banque qui l'a mis en circulation, pour en recevoir le montant en numéraire ; dès lors, si la solidité de la banque est bien établie, on comprend que ses billets soient partout acceptés comme numéraire. Dans notre pays, la Banque de France a seule le privilège d'émettre des billets de ce genre.

21. — Les banques. (Élève, p. 14)

Sommaire. — 1. Les banques proprement dites. — 2. La Banque de France. — 3. Les banques foncières et d'avances sur titres.

Développement. — 1. Une *banque* est un établissement qui effectue, pour le compte d'autrui, des recettes et des paiements ; qui achète et revend les monnaies d'or et d'argent, les effets publics, les actions et obligations ; qui escompte et encaisse les billets à ordre et les traites ; qui délivre et paye des chèques. Il est des banques qui émettent des billets payables à vue et au porteur ; mais elles doivent pour cela inspirer la confiance au public et obtenir l'autorisation de leur gouvernement.

2. En France, il y a de nombreuses et importantes banques, mais il en est une seule qui possède l'autorisation d'émettre des billets de banque, c'est la Banque de France. Créée le 13 février 1800, elle a reçu ce privilège le 14 avril 1803 ; elle a à sa tête un gouverneur dont la nomination appartient à l'État.

3. Il est des banques qui se livrent à des opérations spéciales ; nous citerons les *banques foncières*, qui empruntent des capitaux au public pour les prêter sur hypothèques aux propriétaires d'immeubles ; les *banques d'avances sur titres*, qui font des prêts d'argent contre la remise, dans leurs caisses, de titres (actions ou obligations) en quantité suffisante pour assurer la restitution du prêt.

22. — Le crédit réel. (Élève, p. 15)

Sommaire. — **1.** Le crédit. — **2.** Le crédit réel. — **3.** Établissements fondés sur le crédit réel.

Développement. — **1.** D'une façon générale, le crédit est une opération par laquelle une personne est mise en possession de choses qui ne lui appartiennent pas, à la condition de les restituer, dans un certain délai, soit en nature, soit le plus souvent en monnaie ; quelquefois le crédit est accordé en raison de la confiance qu'inspire l'emprunteur, c'est le *crédit personnel*.

2. Il peut arriver, au contraire, que le crédit soit accordé en raison de la valeur d'objets que l'emprunteur remet comme gage à un créancier ; dans le cas où celui-ci n'est pas remboursé dans le délai convenu, il fait vendre le gage et se rembourse sur le prix. Le gage peut consister en meubles, bijoux, valeurs, mobilier, hypothèque, etc. C'est le *crédit réel*.

3. Les *banques foncières* prêtent sur hypothèques ; la plupart des banques et les changeurs prêtent sur dépôt de titres, de valeurs mobilières. Citons aussi, comme fondés sur le crédit réel, les Magasins généraux où le dépôt de toutes marchandises est constaté par un certificat appelé *warrant* qui peut être négocié. Le Mont-de-piété est un établissement qui prête sur gages, mais sans les formalités exigées par la loi des prêteurs ordinaires; la dispense de ces formalités tient à ce que le Mont-de-piété est mis sous la surveillance de l'État, et que ses bénéfices sont versés à l'Assistance publique.

23. — Le crédit public. (Élève, p. 16)

Sommaire. — **1.** Le crédit public. — **2.** Son utilité. — **3.** Comment il se mesure.

Développement. — **1.** Le crédit que peut obtenir une personne est proportionné à ses ressources et à la confiance qu'elle a su inspirer par sa fidélité à remplir ses engagements. Il en est de même pour les différents États, et, dans chaque pays, le crédit accordé à l'État est ce qu'on appelle le *crédit public*.

2. L'État a besoin de crédit; c'est par le crédit qu'il se procure les capitaux nécessaires pour exécuter les grandes entreprises qu'il ne pourrait conduire d'une façon assez rapide s'il avait seulement recours aux ressources annuelles de l'impôt. En pareil cas, l'État contracte des *emprunts*, à des conditions plus ou moins favorables suivant qu'il a plus ou moins de crédit. Il est bien entendu que c'est toujours l'impôt qui doit payer les intérêts des emprunts et assurer leur remboursement.

3. Les certificats que l'État délivre à ses prêteurs en échange de leurs fonds sont des *titres de rente* qui se négocient à la Bourse par le ministère des agents de change; le crédit public se mesure au taux que l'État paye pour l'intérêt de ses emprunts, et ce taux diminue à mesure que le crédit public augmente.

24. — Amortissement et conversion. (Élève, p. 16.)

SOMMAIRE. — **1.** La dette amortissable. — **2.** La dette perpétuelle. — **3.** La conversion.

Développement. — **1.** Lorsque l'État emprunte, il peut le faire de deux façons : ou bien il se réserve la faculté de rembourser quand bon lui semblera l'argent qu'on lui prête, ou bien il s'engage à le restituer en un certain laps de temps. Dans ce dernier cas, l'emprunt est *remboursable par annuités*, chaque annuité comprenant l'intérêt de la dette augmenté d'un acompte sur le capital; c'est ce qu'on appelle la *dette amortissable*.

2. Lorsque la dette est ce qu'on appelle *perpétuelle*, c'est-à-dire remboursable seulement à la volonté de l'État, il est d'une bonne politique financière de consacrer chaque année une certaine somme à l'amortissement; sans quoi la dette publique va toujours en augmentant, ce qui est à coup sûr un système déplorable.

3. Si l'État a emprunté à 5 0/0 par exemple et que, plus tard, son crédit devenant plus solide, il puisse emprunter à 4 fr. 30, il a évidemment intérêt à se procurer de l'argent à ce dernier taux pour rembourser les créanciers auxquels il paie 5 fr. Dans ce cas, il propose à ces derniers de ne plus leur payer que 4 fr. 50 ou de les rembourser; ils acceptent généralement de recevoir l'intérêt moindre, qui est encore supérieur à celui qu'ils pourraient obtenir par un autre placement. C'est ce qu'on appelle la *conversion*.

25. — La Bourse. (Élève, p. 17)

SOMMAIRE. — **1.** La Bourse. — **2.** La cote. — **3.** La Bourse du commerce.

Développement. — **1.** Une *Bourse* est un endroit où a lieu la négociation des fonds d'État et des autres valeurs mobilières; cette négociation se fait par l'intermédiaire de fonctionnaires spéciaux appelés *agents de change,* qui sont astreints à certaines règles et qui sont nommés par le Gouvernement. Si les opérations sont faites *au comptant,* il y a échange immédiat des titres contre l'argent; si les opérations sont faites *à terme,* les titres ne sont livrables que le 15 ou le dernier jour du mois.

2. Chaque jour, après la Bourse qui dure environ trois heures, les agents de change dressent le relevé des prix auxquels ont eu lieu pendant la séance les différentes opérations : c'est ce relevé qu'on appelle la *cote* de la Bourse.

3. En dehors de cette Bourse, qui est la Bourse proprement dite, qu'on appelle aussi quelquefois Bourse des valeurs, il existe des Bourses de commerce où des courtiers inscrits sur une liste dressée par le tribunal de commerce négocient les différentes marchandises qui arrivent sur le marché; ils arrêtent aussi chaque jour une cote officielle des prix de vente.

26. — Le commerce. (Élève, p. 18)

SOMMAIRE. — **1.** Le commerce. — **2.** Exportations et importations. — **3.** La balance du commerce.

Développement. — **1.** Le *commerce* est l'ensemble des opérations relatives au transport et à la vente des marchandises; il y a deux sortes de commerce : le *commerce intérieur* qui se fait dans les propres limites d'un pays; le *commerce extérieur* qui se fait entre un pays et les pays étrangers.

2. On désigne sous le nom d'*importations* les marchandises étrangères qu'on fait entrer dans un pays ; les marchandises que ce pays expédie à son tour aux pays étrangers forment ce qu'on appelle les *exportations*. La différence entre les exportations et les importations constitue ce qu'on appelle la *balance du commerce*.

   3. Quand les importations d'un pays sont supérieures à ses exportations, on dit que la balance du commerce est à son désavantage, car ce pays doit solder la différence en numéraire et par conséquent doit s'appauvrir ; mais il s'en faut de beaucoup que cette théorie soit exacte, car on trouve des pays très riches qui importent plus qu'ils n'exportent.

27. — Le change. (Élève, p. 18)

Sommaire. — **1.** Le commerce extérieur. — **2.** La lettre de change. — **3.** Le change.

Développement. — **1.** Le commerce extérieur d'un pays se divise en *exportations* et en *importations ;* il doit payer les marchandises importées et il doit recevoir le paiement des marchandises exportées. Si ces paiements se faisaient tous en numéraire, ce serait un mouvement d'argent considérable entraînant des lenteurs et des frais de transport assez élevés.

2. Pour les éviter, on a imaginé les *lettres de change*. Je dois 1 000 francs à John, habitant de Londres ; Smith, qui demeure dans cette même ville, doit 1 000 francs à l'un de mes voisins, Pierre ; celui-ci me donne, contre 1 000 francs, une lettre de change de pareille somme sur Smith ; je l'envoie en payement à John qui va en toucher le montant chez Smith ; on voit combien ce procédé est plus simple que l'envoi de numéraire.

3. Mais si la France, par exemple, a envoyé en Angleterre 100 millions de plus de marchandises qu'elle n'en a reçu d'elle, il faudra bien que les Anglais nous envoient 100 millions en numéraire. Comme cette façon de payer est plus dispendieuse, les lettres de change seront recherchées et feront prime ; c'est cette prime qui constitue ce qu'on appelle le *change* entre les deux pays.

28. — Le libre-échange. (Élève, p. 19)

Sommaire. — 1. Le libre-échange. — 2. Ses avantages. — 3. Ses inconvénients.

Développement. — 1. Le *libre-échange* ou liberté commerciale est la libre circulation des marchandises étrangères entre deux pays, de manière qu'elles n'aient à payer que les frais de transport ; le libre-échange supprime les frontières au point de vue commercial et fait disparaitre les douanes, les entrepôts et toutes les formalités qui en résultent.

2. Tous les économistes sont partisans du libre-échange ; si tel pays, disent-ils, produit du blé, ou du coton, ou du vin dans de telles conditions qu'il puisse l'exporter dans les autres pays et l'y vendre à meilleur marché que ne peuvent le faire les producteurs de ces pays-là, n'est-ce pas une excellente chose ? Et pourquoi renchérir artificiellement ces objets par l'établissement des droits de douane ?

3. On leur répond tout d'abord qu'il est des objets de première nécessité pour lesquels on ne peut s'en rapporter à l'étranger, car, en cas de guerre, on s'en trouverait privé ; le blé, la viande, le fer, par exemple. En second lieu, on fait remarquer qu'à force de prendre aux autres pays tous les objets qu'ils fournissent à meilleur marché, certaines contrées se trouveraient n'avoir plus rien à produire et que le travail y disparaitrait complètement. A quoi servirait la vie à bon marché à un ouvrier qui ne gagnerait plus rien ?

29. — Le système protecteur. (Élève, p. 19)

Sommaire. — 1. Le libre-échange. — 2. Dangers de la concurrence étrangère. — 3. Le système protecteur.

Développement. — 1. Le libre-échange permet aux

marchandises étrangères d'arriver dans un pays, grevées seulement des frais de transport ; si, avec ce surcroît de prix elles se vendent meilleur marché que les marchandises similaires produites dans le pays même, il est bien clair qu'elles leur feront une concurrence redoutable et que la fabrication indigène devra renoncer à la lutte.

2. Or, il arrive qu'en raison de la cherté de la main-d'œuvre, en raison d'impôts plus lourds, certains pays ne peuvent produire qu'à des prix assez élevés ; leur industrie est ainsi tuée par la concurrence étrangère : un pays qui n'a pas d'industrie est un pays misérable. En outre, une industrie qui n'existe pas dans un pays ne peut pas y prendre naissance et s'y développer, si elle est obligée de lutter contre la même industrie travaillant à l'étranger depuis longtemps et se trouvant en pleine prospérité.

3. Le *système protecteur* consiste à protéger toutes les industries du pays en établissant à la frontière des droits de douane assez élevés pour arrêter l'entrée des produits étrangers et pour les empêcher de venir faire concurrence aux produits indigènes. Le système protecteur augmente le prix de tous les objets et empêche les progrès de l'industrie nationale, car une industrie ne progresse plus quand elle est assurée de vendre ses produits, même s'ils sont d'une mauvaise fabrication.

30. — **Le système compensateur.** (Élève, p. 19)

SOMMAIRE. — **1.** Différences dans les conditions de la production. — **2.** Libre-échange et protection. — **3.** Le système compensateur.

Développement. — **1.** Les pays producteurs ne se trouvent pas tous dans les mêmes conditions de travail et d'existence ; dans tel pays, par exemple, l'ouvrier exige un salaire bien moindre, le sol coûte moins cher, les impôts sont moins lourds ; un pays qui possède ces avantages pourra évidemment fournir ses produits à bien meilleur marché.

2. Ni le libre-échange ni le système protecteur ne tiennent compte de ces circonstances; le *libre-échange* sacrifie des industries qui pourraient vivre si on leur permettait de lutter à armes égales contre la concurrence étrangère; la *protection* accorde des droits même aux industries qui sont en état de se défendre contre cette concurrence.

3. Le *système compensateur* est un système intermédiaire; il tient compte de la différence du prix de la main-d'œuvre et des impôts qui frappent une industrie: il compense les charges qui pèsent sur le producteur indigène par un droit qu'il fait payer aux marchandises venant de l'étranger; il met le producteur indigène dans des conditions d'égalité avec le producteur étranger et laisse le plus habile triompher.

31. — Les droits de douane. (Élève, p. 19).

Sommaire. — **1.** Deux sortes d'importations. — **2.** Les matières premières. — **3.** Difficulté de déterminer certains droits de douane.

Développement. — **1.** Les objets qui sont importés dans un pays sont de deux sortes : les uns, sont destinés à être vendus tels qu'ils sont introduits; les autres ne sont livrés au commerce qu'après une transformation préalable opérée par l'industrie nationale. Dans la première catégorie, nous citerons les vêtements, les tissus, les ouvrages en métal; dans la seconde, le coton, la laine, les métaux.

2. Ces derniers objets que l'on désigne sous le nom de *matières premières*, ne payent pas de droits de douane, quand le pays où on les introduit ne produit que peu ou point de matières similaires; ainsi, en France, le coton, la laine, sont exempts de droits de douane. Quand, au contraire, le pays produit une matière première, celle qui vient de l'étranger est frappée, à l'entrée, d'un droit plus ou moins élevé; ainsi, les cocons de soie venant de l'étranger en France payent des droits parce qu'il faut protéger notre sériciculture ; les fils de coton, de laine, de lin, de soie en payent aussi pour que nos filatures puissent prospérer.

3. On peut déterminer d'une façon relativement assez facile les droits de douane quand il s'agit de défendre une industrie nationale contre la concurrence étrangère ; mais la tâche est ardue quand les intérêts de deux industries indigènes sont en opposition. Par exemple, toutes les manufactures de tissus voudraient qu'on laissât entrer en franchise les *fils* qu'elles emploient ; de leur côté, les filatures s'y opposent puisque leur industrie consiste à fabriquer ces fils. Il faut toute l'attention du législateur pour ménager ces intérêts, sans trop charger les consommateurs, c'est-à-dire ceux qui achètent les tissus et les vêtements.

32. — Les traités de commerce. (Élève, p. 19)

Sommaire. — **1.** Inconvénient des tarifs de douane. — **2.** Traités de commerce. — **3.** La clause de la nation la plus favorisée.

Développement. — **1.** Quand un pays établit un tarif général de douane, il se place au point de vue de l'importation des marchandises provenant des pays étrangers ; ces pays, de leur côté, établissent leur tarif sur le même principe. Ces barrières ainsi élevées tendraient à faire disparaître le commerce *international*, qui ne subsisterait plus que pour les matières premières et pour les objets de première nécessité.

2. Cependant, dans chaque pays, il y a des industries qui ont besoin, pour prospérer, de vendre leurs produits *à l'étranger*, et alors il arrive qu'une nation dit à une autre : « Abaissez tels droits qui gênent l'expansion de telles ou telles de mes industries, et j'abaisserai, en revanche, ceux de mes droits qui nuisent à telles ou telles de vos industries. » La convention qui règle un tel accord s'appelle *un traité de commerce*.

3. Dans chaque traité de commerce figure la « clause de la nation la plus favorisée ». Aux termes de cette clause, chacune des deux nations qui signent un traité de commerce s'engage à faire profiter l'autre de toute diminution de droits de douane qu'elle accorderait par la suite à un autre pays. Il en résulte que, dans chaque pays, toutes les nations qui ont un traité de commerce avec ce pays paient les mêmes droits, et ces droits sont les plus bas, puisque chaque pays a le droit de les exiger.

33. — **Les tarifs de douane.** (Élève, p. 20)

Sommaire. — **1.** Le tarif général. — **2.** Le tarif conventionnel. — **3.** Le tarif minimum.

Développement. — **1.** Chaque pays perçoit des droits de douane sur la plupart des marchandises étrangères qui pénètrent sur son territoire ; ces droits sont plus ou moins élevés, ils frappent un plus ou moins grand nombre d'objets, mais il n'est pas de nation qui pratique complètement le libre-échange ; l'ensemble de ces droits de douane constitue ce qu'on appelle le *tarif général* de chaque pays.

2. Mais deux pays peuvent, par un *traité de commerce*, s'accorder réciproquement des diminutions sur les droits inscrits au tarif général ; en outre, les traités contiennent toujours une clause par laquelle chacun des pays promet de faire profiter l'autre de toutes les concessions qu'il accordera à une autre nation. De cette manière, tous les pays se trouvent soumis au même tarif dans le pays avec lequel ils ont des traités de commerce ; ce tarif s'appelle le *tarif conventionnel*.

3. Mais ce tarif, qui peut être abaissé, ne peut pas être relevé tant que durent les traités de commerce : c'est un grave inconvénient. C'est pourquoi la France a aujourd'hui deux tarifs, le *tarif général* et le *tarif minimum*. Celui-ci fixe, pour chaque produit, la limite des droits au-dessous desquels le gouvernement ne peut descendre dans la concession qu'il accorde aux nations qui nous font profiter de leurs droits les plus réduits. Le tarif minimum peut être modifié à tout moment par les deux Chambres.

34. — L'Entrepôt (Élève, p. 21)

SOMMAIRE. — **1.** L'entrepôt. — **2.** La sortie de l'entrepôt. — **3.** Avantages de l'entrepôt.

Développement. 1. Un *entrepôt* est un magasin, soumis à la surveillance de l'administration, dans lequel des marchandises étrangères peuvent être admises à séjourner pendant un certain temps *sans payer les droits de douane*. Pour profiter de cette faculté, il faut s'assujettir à certaines formalités qui ont pour but d'empêcher l'introduction définitive de ces marchandises dans le pays, tant que les droits ne sont pas payés.

2. Les marchandises, à leur sortie de l'entrepôt, peuvent ou être expédiées dans un autre pays, et alors elles n'ont rien à payer à la douane, ou être introduites dans le pays où elles étaient en entrepôt, et, dans ce cas, elles payent les droits de douane.

3. La faculté d'entrepôt sert à ceux qui veulent vendre dans un pays des marchandises étrangères pour lesquelles ils n'ont pas d'avance un acquéreur ; ils payent les droits de douane au fur et à mesure qu'ils vendent, et, s'ils ne vendent pas tout, ils transportent le reste dans un autre pays pour tâcher de s'en défaire. Il arrive aussi que des négociants qui ont acheté beaucoup de marchandises à l'étranger, les font entrer dans le pays au fur et à mesure de leurs besoins, afin de ne payer les droits de douane qu'au moment utile.

35. — L'admission temporaire. (Élève, p. 21)

SOMMAIRE. — **1.** Les droits de douane et l'exportation. — **2.** La concurrence à l'étranger. — **3.** L'admission temporaire. — **4.** Le drawback.

Développement. — 1. Il est un grand nombre d'industries qui, pour fonctionner à l'intérieur d'un pays, sont obligées de faire venir de l'étranger les *matières premières* dont elles se servent pour fabriquer leurs produits. Lorsque ces matières sont frappées d'un droit de douane, le prix de revient des produits fabriqués s'en trouve augmenté d'autant. Il est donc juste que les mêmes produits, venant de l'étranger, soient frappés d'un droit de douane correspondant à celui qui frappe la matière première. De cette façon, les produits destinés à la consommation intérieure se trouvent protégés.

2. Mais s'il s'agit de produits destinés à l'exportation, ils trouveront, dans les pays étrangers, des produits similaires qui n'ont pas payé des droits sur les matières premières, et qui, par conséquent, toutes conditions égales, pourront se vendre meilleur marché. Les industries exportatrices se trouveront donc dans une situation d'infériorité qui entraînera leur ruine.

3. L'*admission temporaire* porte remède à cet inconvénient. Quand un industriel fait venir des matières premières pour fabriquer des produits destinés à l'exportation, il le déclare en les faisant entrer. Moyennant cette déclaration, il ne paye pas de droits, mais c'est à la condition de faire sortir du pays, dans un délai donné, ces matières transformées en produits fabriqués.

4. Quelquefois les droits sont payés à l'entrée et remboursés à la sortie ; c'est ce qu'on appelle le *drawback*.

IV. — DE LA CONSOMMATION DES RICHESSES

36. — La consommation des richesses. (Élève, p. 22)

SOMMAIRE. — **1.** La consommation des richesses. — **2.** Les dépenses publiques et privées. — **3.** Elles ont une règle commune. — **4.** Comment l'on pourvoit aux dépenses publiques.

Développement. — **1.** La consommation des richesses s'opère de plusieurs façons : 1° par la consommation proprement dite, par l'usage ; 2° par l'échange ; 3° par l'épargne.

2. On peut aussi distinguer entre la consommation publique ou dépense publique, faite par le public ou pour son service, et la consommation privée ou dépense privée qui est faite par les particuliers et pour leur utilité personnelle.

3. Bien que les dépenses publiques et les dépenses privées ne soient pas du même ordre, elles ont cependant des règles communes; elles doivent, principalement et avant tout, avoir pour but de satisfaire à des besoins réels et légitimes ou de produire une valeur supérieure à la valeur consommée.

4. L'État pourvoit à ses dépenses, c'est-à-dire aux dépenses publiques par l'impôt et par l'emprunt.

37. — L'impôt. (Élève, p. 22)

Sommaire. — 1. Les dépenses de l'État. — 2. L'impôt. — 3. Différentes sortes d'impôts.

Développement. — **1.** L'État a sa part dans la consommation des richesses produites; cette part est employée dans l'intérêt du public; elle constitue ce qu'on appelle les *dépenses de l'État*. Ces dépenses doivent, pour être légitimes, satisfaire à des besoins réels ou produire une valeur au moins égale à la valeur consommée.

2. Comme membre de cette grande association qu'on appelle l'*État*, chaque citoyen doit contribuer pour sa part aux dépenses publiques; cette part, on l'appelle l'*impôt*. Elle devrait être proportionnée aux ressources de chacun; c'est le but que l'on doit poursuivre, mais que l'on est loin d'avoir atteint jusqu'ici.

3. L'*impôt sur le capital* et l'*impôt sur le revenu* que l'on a proposés présentent des difficultés d'application devant lesquelles on a reculé jusqu'ici. Le système actuellement employé des impôts directs et indirects est loin de répondre aux exigences de la science économique. L'impôt indirect surtout est injuste, mais la facilité avec laquelle on le perçoit empêchera pendant longtemps encore les gouvernements d'y renoncer.

38. — L'emprunt public. (Élève, p. 22)

SOMMAIRE. — **1.** Les emprunts. — **2.** La rente. — **3.** La conversion.

Développement. — **1.** De même qu'un simple particulier, l'État peut être obligé de recourir à l'emprunt, soit parce que ses dépenses sont supérieures aux recettes que lui procure l'impôt, soit parce qu'il est obligé de faire dans un bref délai des dépenses d'utilité publique trop considérables pour qu'on puisse les couvrir par l'impôt annuel.

2. L'État contracte donc des emprunts, les uns qu'il s'engage à rembourser dans un temps déterminé, c'est l'exception; les autres qu'il rembourse quand il lui plaît. Il paye, pour les sommes ainsi empruntées, un intérêt qui est plus ou moins élevé suivant le crédit dont il jouit : cet intérêt s'appelle *rente*.

3. Le crédit d'un État peut, au bout d'un certain temps, devenir plus grand; il a alors intérêt à faire un nouvel emprunt à des conditions meilleures, pour rembourser sa dette ancienne. Au lieu d'emprunter, il fait généralement ce qu'on appelle une *conversion*, c'est-à-dire qu'il réduit l'intérêt, mais en offrant de rembourser les créanciers qui n'accepteraient pas cette réduction.

V. — ÉCONOMIE SOCIALE

39. — L'économie sociale. (Élève, p. 24)

SOMMAIRE. — **1.** L'économie sociale. — **2.** Les réformes progressives. — **3.** Rapports du capital et du travail.

Développement. — **1.** L'économie sociale a pour but de rechercher quelles sont les réformes qui pourraient améliorer la société actuelle, de manière à la rapprocher de la société idéale où tout se passerait conformément aux grands principes de liberté et de justice.

2. Ces réformes sont nombreuses et ce serait une

œuvre impossible que de les accomplir d'un seul coup ; il faut procéder méthodiquement, attaquer, l'un après l'autre, les abus qui existent, et saisir toutes les occasions d'améliorer le sort de ceux qui travaillent et qui souffrent.

3. La principale réforme, et en même temps la plus difficile à accomplir, est la réglementation des rapports entre le travail et le capital ; elle comporte la fixation d'un juste salaire, la rémunération raisonnable du capital et la répartition des bénéfices entre le travail et le capital dans des proportions équitables.

40. — Le salaire. (Élève, p. 25)

Sommaire. — **1.** Le salaire. — **2.** Comment on détermine le salaire. — **3.** Loi de l'offre et de la demande.

Développement. — 1. Dans toute production de richesses interviennent le travail et le capital : le travail est l'effort de l'homme mettant en œuvre ses facultés physiques ou morales pour accomplir une tâche ; cet effort doit être récompensé par une part des richesses produites; cette part, qui est généralement fixe, s'appelle le *salaire*.

2. En théorie, le salaire devrait permettre à l'ouvrier, moyennant un travail modéré, de satisfaire à tous ses besoins ; malheureusement il s'en faut de beaucoup qu'il en soit ainsi dans la pratique ; le salaire, en réalité, ne correspond pas aux besoins de l'ouvrier, mais à un certain nombre de causes dont la principale est la *loi de l'offre et de la demande*.

3. Cette loi est facile à comprendre : quand il y a beaucoup d'ouvriers pour quelques places vacantes dans un atelier, dans une usine, chacun d'eux, pour se faire embaucher de préférence aux autres, acceptera un salaire moindre. Si c'est, au contraire, le patron qui a besoin de beaucoup d'ouvriers et qu'il s'en présente quelques-uns seulement, ceux-ci exigeront un salaire plus élevé. — Quand les ouvriers estiment que leur salaire est insuffisant, ils ont recours à la *coalition* et à la *grève*.

41. — La coalition et la grève. (Élève, p. 26)

SOMMAIRE. — 1. Les droits des ouvriers : la coalition. — 2. La grève. — 3. Les droits des patrons.

Développement. — 1. Lorsque les ouvriers d'un atelier ou d'une usine estiment que leur salaire est insuffisant et que, cependant, le patron leur refuse toute augmentation, ils peuvent avoir recours à la *coalition*, c'est-à-dire se mettre tous d'accord pour demander l'augmentation qu'ils jugent légitime, en déclarant qu'ils se mettront en *grève*, c'est-à-dire qu'ils cesseront de travailler si on ne la leur accorde pas.

2. La *grève* peut quelquefois s'étendre à tous les ouvriers d'une même industrie dans une certaine région. Autrefois la coalition et la grève étaient interdites par la loi ; elles sont aujourd'hui permises et avec raison, car elles n'ont rien que de légitime ; les ouvriers qui y ont recours ne font qu'user de leur liberté ; mais il faut qu'à leur tour, ils respectent la liberté de ceux de leurs camarades qui veulent continuer à travailler, et c'est malheureusement une chose qu'il est difficile de leur faire comprendre.

3. Les patrons, de leur côté, s'ils jugent les salaires trop élevés, peuvent avoir recours à la coalition, c'est-à-dire s'entendre entre eux pour les réduire, et, si les ouvriers n'acceptent pas la réduction proposée, ils peuvent fermer leurs ateliers.

42. — Les syndicats professionnels. (Élève, p. 27)

SOMMAIRE. — 1. Transformations de l'industrie. — 2. Syndicats ouvriers. — 3. Syndicats de patrons.

Développement. — 1. Si, au commencement de ce siècle, on avait accordé aux ouvriers le droit de coalition et de grève, ils auraient pu, dans la plupart des cas, défendre avec succès leurs intérêts contre les patrons ; mais, depuis cette époque, l'industrie a subi de grandes transformations grâce à l'association des capitaux, grâce à la création des compagnies par actions.

2. Aujourd'hui, les ouvriers qui se trouvent en face d'une grande et puissante société, sont dans une situation d'infériorité évidente ; pour diminuer cette infériorité, on leur a permis de former des *syndicats professionnels*. On appelle *syndicat professionnel*, une association permanente d'ouvriers ayant la même profession ou tout au moins des professions similaires et réunis pour la défense de leurs intérêts.

3. De cette façon, l'association des travailleurs se trouve en état de discuter avec l'association des capitalistes sur un pied d'égalité. Mais, comme à côté des grandes sociétés il existe de simples patrons qui n'ont pas la même force, la loi permet également aux patrons de former des syndicats ayant les mêmes droits que les syndicats ouvriers.

43. — La mutualité. (Élève, p. 27)

SOMMAIRE. — **1.** La mutualité. — **2.** Ses avantages. — **3.** Les institutions qu'elle a créées.

Développement. — **1.** La *mutualité* est l'association d'un certain nombre de personnes qui, moyennant l'accomplissement de conditions déterminées, s'assurent réciproquement des ressources en cas de maladie, d'infirmités ou de vieillesse. La mutualité peut aussi être utilisée pour procurer aux membres d'une société des objets de consommation à bien meilleur marché.

2. La mutualité doit être encouragée sous toutes ses formes et de la manière la plus sympathique ; elle est un des moyens qui aideront à poursuivre et à accomplir la réforme sociale en permettant de réunir toutes les classes de la société dans une association vraiment fraternelle.

3. La mutualité a déjà créé de nombreuses institutions : les sociétés de secours mutuels, les sociétés coopératives de production, les sociétés coopératives de consommation, les caisses de retraites pour la vieillesse. Ces sociétés doivent arriver à fonctionner avec leurs propres ressources, mais l'État a le devoir d'en favoriser la création et le développement. C'est ce qu'il commence à faire.

44. — Les sociétés coopératives. (Élève, p. 27)

Sommaire. — **1.** La mutualité. — **2.** Les sociétés coopératives de consommation. — **3.** Les sociétés coopératives de production.

Développement. — **1.** La *mutualité* est l'association d'un certain nombre de personnes qui, moyennant l'accomplissement de conditions déterminées, s'assurent réciproquement certains avantages en cas de maladie, d'infirmités ou de vieillesse, ou s'entendent pour se procurer ou pour produire à meilleur marché certains objets de consommation.

2. Les *sociétés coopératives* sont une des formes de la mutualité; il en est de deux sortes : les sociétés coopératives de *consommation* et les sociétés coopératives de *production*. Les premières ont pour but d'acheter tous les objets de consommation nécessaires à la vie d'une famille et de les revendre sans bénéfice aux membres de la société qui se trouvent ainsi affranchis de la commission prélevée par les intermédiaires.

3. Quant aux sociétés coopératives de production, ce sont des associations d'ouvriers qui se réunissent pour fabriquer certains produits et les livrer au public à des prix inférieurs à ceux qui sont exigés par les commerçants ordinaires. D'une façon comme de l'autre, les sociétés coopératives font concurrence au petit commerce et tendent à le faire disparaître.

45. — Le droit au travail. (Élève, p. 28)

SOMMAIRE. — 1. Le droit au travail. En théorie. — 2. Dans la pratique. — 3. Conditions actuelles du travail.

Développement. — 1. Le *droit au travail* est une des questions les plus graves que soulève l'économie sociale. Dans une société bien organisée, chaque membre devrait *être sûr* de pouvoir, en tout temps, utiliser sa bonne volonté et son activité ; en d'autres termes, il devrait pouvoir exiger qu'on lui fournît du travail, de façon à vivre et à faire vivre sa famille ; malheureusement, nous sommes encore loin de cet idéal.

2. Il faut prendre la société telle qu'elle existe et non telle qu'elle devrait être et, pour le moment, le droit au travail n'est qu'une conception humanitaire ; on doit tendre à la réaliser, mais on ne peut espérer y réussir avant de longues années.

3. Dans la pratique, empressons-nous de le dire, il est peu d'ouvriers qui ne trouvent pas du travail quand ils veulent réellement en trouver ; seulement ils ne le trouvent pas toujours dans des conditions avantageuses, ni même suffisantes ; nous pouvons cependant constater que ces conditions s'améliorent tous les jours et que le moment approche où elles seront justement rémunératrices.

46. — Retraites pour la vieillesse. (Élève, p. 28)

SOMMAIRE. — 1. Le vieux travailleur. — 2. L'employé de l'État. — 3. L'ouvrier.

Développement. — 1. Quand un membre de la société a bien travaillé pendant sa jeunesse et son âge mûr, qu'il a ainsi rendu constamment des services à cette société, n'est-il pas juste qu'elle lui procure, en récompense, des moyens d'existence le jour où, la force lui faisant défaut, il se trouve hors d'état de gagner sa vie ?

2. Le principe est si juste qu'il est déjà fréquemment appliqué. Quand les employés de l'État ont atteint un certain âge, ils ont droit à une pension de retraite; il en est de même des militaires qui ont servi pendant un certain nombre d'années; plusieurs sociétés commerciales accordent aussi des pensions à leurs vieux employés.

3. Il est grandement à souhaiter que tous les employés de commerce, que tous les ouvriers de l'industrie et de l'agriculture obtiennent le bénéfice d'une organisation semblable, basée sur l'épargne des ouvriers et sur la participation des patrons et de l'État. Il y a un grand effort à faire dans ce sens et il est indispensable qu'il soit fait le plus promptement possible.

47. — L'égalité des salaires. (Élève, p. 29)

SOMMAIRE. — **1.** Le salaire. — **2.** L'égalité des salaires. — **3.** Elle est impossible.

Développement. — **1.** Il est très difficile de déterminer quel doit être le salaire de l'ouvrier. En théorie, il devrait représenter la somme des besoins légitimes de cet ouvrier et de sa famille; mais, dans la pratique, nous n'en sommes pas encore là; le salaire est essentiellement variable et il y a toujours lutte entre le patron et l'ouvrier, chacun d'eux voulant établir le salaire de la manière la plus conforme à ses intérêts.

2. Un certain nombre de syndicats ouvriers, tout en cherchant à obtenir des patrons les salaires les plus élevés, voudraient, en outre, que ces salaires fussent payés à tous les ouvriers sans distinction. Pour justifier cette réclamation, ils invoquent le principe d'égalité; ce principe n'a rien à voir dans la question.

3. On peut établir l'égalité des droits pour tous les citoyens, pour tous les ouvriers, mais on ne peut pas empêcher que la nature ait donné aux uns plus de force, plus d'habileté, plus d'intelligence, plus de savoir-faire qu'aux autres. L'égalité absolue n'est donc qu'une chimère, et le jour où vous donnerez le même salaire au bon et au mauvais ouvrier, vous découragerez le premier.

48. — La journée de huit heures. (Élève, p. 29)

Sommaire. — **1.** Limitation de la durée de travail. — **2.** Réduction de cette durée. — **3.** La journée de 8 heures.

Développement. — **1.** Quand on parle de la durée de la journée de travail, la question se pose immédiatement de savoir s'il faut la *limiter*. Ceux qui répondent affirmativement invoquent l'intérêt de la société, celui de l'ouvrier qu'il faut, disent-ils, défendre contre les exigences de certains patrons et, au besoin, contre lui-même ; ceux qui tiennent pour la négative, se réclament du grand principe de la liberté.

2. On est à peu près d'accord sur la nécessité d'une limite quand il s'agit de femmes et d'enfants qui sont des êtres faibles ayant besoin d'être protégés ; mais, en fait, comme dans la plupart des usines le travail des hommes est solidaire du travail des femmes et des enfants, la durée de la journée se trouve réduite pour les premiers, par cela même qu'elle est réduite pour les autres.

3. Aussi la durée de la journée de travail diminue-t-elle progressivement. On veut que la réduction soit poussée assez loin pour que le travail ne dure pas plus de huit heures par jour. Il est possible que l'on arrive à ce résultat, mais il ne pourra être atteint qu'après une entente entre les principaux peuples industriels, car la réduction à huit heures de la journée de travail augmentant le prix de la main-d'œuvre, la nation qui serait seule à l'adopter se trouverait dans une situation d'infériorité vis-à-vis des autres nations.

TABLE DES RÉDACTIONS

Paris. — Imp. E. Capiomont et Cⁱᵉ, rue des Poitevins, 6.